Pour la petite fille qui a toujours caché ses magnifiques écrits.

Pour celles et ceux pour qui les émotions sont un tout

# Au delà

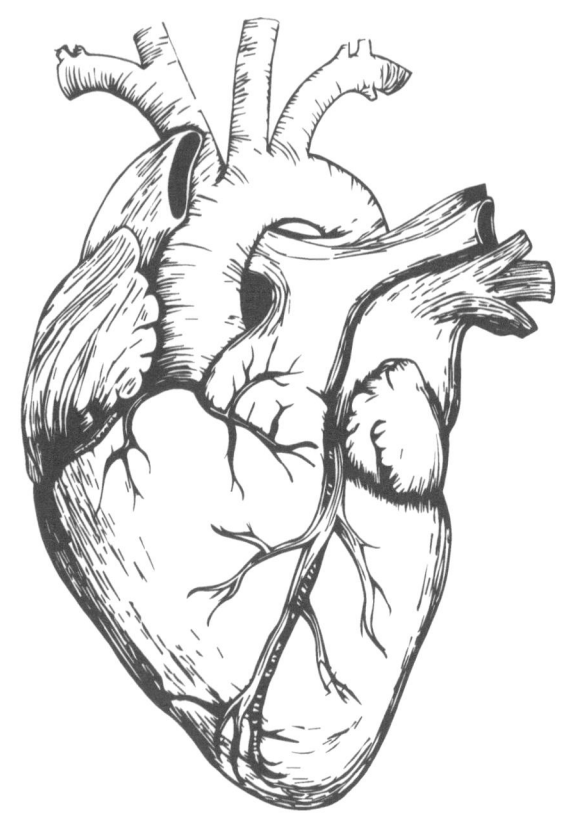

## des émotions

Justine Dogimont

# DOULEUR

L'amour

Je ne sais point ce qu'est réellement ce sentiment,

Qui sans le comprendre apparaît soudainement,

Puis peu à peu devient omniprésent.

Cette petite chose que j'ai un jour ressentie,

Que j'ai longtemps espéré être infinie,

Mais également être le plus beau sentiment d'une vie.

Seulement un beau jour,

J'ai vu l'ombre que cachait l'amour.

Cette partie pouvant être parfois,

Celle qui te rend heureuse puis te détruit en une seule fois.

Aveuglée par mes sentiments.

Par tout l'amour que l'on s'apportait.

J'ai attendu un long moment,

Avant de découvrir que tu me mentais.

Un amour que tu as dévoilé trop tard

Cet après-midi sur le sol de la gare

Je t'ai souvent haï,

En commençant lorsque je suis partie.

Mais ce n'était qu'un sentiment parmi

Tous ceux que pour nous j'avais ressenti ;

Afin de protéger ce que l'on avait bâti.

J'ai souvent eu envie de recommencer.

Une soudaine envie de retourner

Là où tout a débuté.

Revivre ces magnifiques journées

Où notre amour s'est décuplé.

Quand il suffisait de se regarder

Pour savoir à quel point on s'aimait.

À quel point on se désirait.

Lorsque dans tes bras je me sentais en sécurité.

Ces moments où c'est avec toi que je voyais ma vie se terminer.

Je fais appel aux souvenirs.

Ceux qui ne veulent pas te laisser partir.

Ces belles images me rappelant,

Comment tout était tellement beau avant.

Un jour tu m'as partagé,

Un souhait que tu détenais.

Si aujourd'hui tu étais là,

Je te dirais qu'il ne suffisait que de quelques mois,

Pour que ce que tu as un jour désiré,

Je puisse pour toi le réaliser.

Je me souviens du jour où l'on s'est retrouvés.

Des détails que je ne cesse de me répéter,

A défaut de vouloir accepter,

Que jamais nous ne pourrons recommencer.

Je me demande si tu te rappelles,

Comme la lune était belle,

Durant ces douces nuits,

Où l'on se réveillait dans ce lit,

Avec une magnifique sensation,

Que nous étions tout ce dont nous rêvions.

Je me souviens de ce qu'il me procurait,

Lorsque nos regards se croisaient.

Que ses mains sur moi se baladaient.

Que nos cœurs l'un pour l'autre battaient.

J'ai alors réalisé,

Qu'en cette douce matinée,

Lorsque nous nous sommes revus pour la première fois,

Le fameux coup de foudre est alors arrivé jusqu'à moi.

Et c'est un beau jour que j'ai regretté.

Regretté de m'être abandonnée

Pour quelqu'un qui je pensais m'aimer,

Ou au minimum me respecter.

Celui qui uniquement me désirait

Lorsque celui-ci n'était pas lassé,

Et qui n'a pas une seconde daigné,

À simplement me demander

Comment je pouvais aller.

Au lieu de ça, celui-ci est allé

Vers toutes celles qu'il a pu trouver,

Afin de pouvoir combler

Ce qui pour lui n'était pas assez.

Et puis ce soir,

Je t'attends dans le noir,

Espérant un jour voir,

De nouveau ton regard.

C'est sur ces pensées,

Que mes larmes ont coulées.

Ces images sur lesquelles tu apparais.

Ces moments que je renvoyais.

Tes paroles qui se répétaient,

Et mon cœur qui battait.

Mais ces pleurs sont arrivés,

Car ce que j'ignorais,

C'était si je devais te garder,

Ou te laisser t'en aller,

Malgré l'amour que je ressentais.

Je t'aime à un point que je ne saurais décrire. Certes, ces quelques mots peuvent paraître simples et habituels, mais ceux-ci représentent énormément pour moi.

En cette calme nuit, j'ai pleuré. Pleuré toutes les larmes que mon corps pouvait me donner. Pleuré à en sentir ma poitrine se transpercer, ainsi que mon cœur me lâcher.

Pleuré car à aucun moment je ne savais. Savais si tu supporterais. Ne savais si tu tiendrais. Et que ne serait-ce qu'un instant, je me suis demandé si ma plus grande preuve d'amour ne serait pas de te laisser partir afin de te protéger.

Te protéger de moi et de mes états d'âmes. De mon instabilité émotionnelle. De toutes mes peurs qui me submergent, et que tel un gouffre me fait tomber dans un vide si profond.

Mais lorsque j'ai senti les larmes couler, et la douleur s'intensifier, j'ai ressenti quelque chose. Cette sensation inconnue.

Celle qui mélange une douleur et un apaisement. Celle qui me dit d'y croire d'y croire, mais également de te laisser.

Comme une voix qui me dit d'y aller, mais uniquement en avançant doucement. Afin de déceler si je suis prête. Si nous sommes prêts.

Je me suis rendu compte de ce que tu m'apportais.

Des choses inconnues que je n'ai que rarement vécu. Ne serait-ce que ton regard lorsque tu vois mon corps nu. Celui où tu prends le temps de me regarder et non pas uniquement pour me désirer. Ou encore la simplicité des choses que tu peux apporter, mais qui ont parfois une symbolique qui ne cesse d'augmenter. Ou finirais-je par te parler de tous ces moments, lorsqu'il n'y avait qu'un apaisement ?

Serait-ce le bon ou le mauvais moment ? À vrai dire, je n'en ai aucune idée. Mais ce que je peux te dire à cet instant, c'est que je veux bien essayer.

Alors, oui, je ne te promets pas un parcours parfait, bien au contraire vu mon instabilité. Mais je te promets d'essayer. Que c'est le maximum que pour l'instant, je donnerai. Petit à petit, toutes ces choses vont évoluer. Actuellement, c'est l'unique chose que pour sûr, je te promets.

Je t'aime, promets-moi de ne jamais l'oublier.

Et puis un jour, c'est arrivé.

Dans cette tristesse, j'ai replongé.

Dans ces angoisses, je me suis égarée.

Dans ces problèmes, je me suis noyée.

Dans cet engouement, je me suis oubliée.

Ressentant l'incapacité d'un jour me relever.

Tel du verre qui se brise,

Lorsque la distance augmente.

De plus en plus, je réalise,

Que je ne peux plus rester dans l'attente..

Te laisser partir est la plus grande des souffrances.

Oh toi que j'aime plus que tout.

J'espère que tu prendras conscience,

Que ce départ à contre-cœur, doit protéger ce « nous ».

Ce serait mentir de dire que tout allait bien.

Cependant, c'est mieux que lorsque je n'avais rien.

Ce sourire tellement faux,

Lorsque je la vois.

Un énervement si haut,

Face à ce que je n'accepte pas.

Il est inutile de mentir,

Une hypocrisie qui me déçoit,

Je ne ferais que haïr,

La personne que tu resteras.

Cette tornade en moi qui ne cesse d'augmenter

Fait alors mes émotions en même temps s'agiter.

Une pression intense,

Que j'essaie d'ignorer.

Celle qui constamment,

S'immisce dans mes pensées.

J'ai le souvenir...

Le souvenir de ce coucher de soleil.

De cette vue qui m'émerveille.

De cette balade en voiture,

Me faisant ressentir une grande aventure.

De cette soirée incroyable.

Des rires et des embrassades.

Le souvenir de ces couleurs pétantes,

Mais restant toujours réconfortantes.

Bref, ce souvenir qui jamais,

Ne pourra un jour recommencer,

De par la fissure qui s'est créée,

Lors de nos disputes perpétuées.

Alors aujourd'hui, il est trop tard,

Pour revivre ce fameux soir,

Qui pourtant à jamais,

Restera dans mes pensées...

Guérison

L'amour est parfois complexe.

Il peut nous faire ressortir certains réflexes,

De protection ou d'attachements.

Ils dépendent de nos moments.

Il ressemble parfois à un casse-tête,

Difficile à déceler.

Mais même si cela peut sembler bête,

Il donne parfois une importante envie d'aimer.

Un beau jour, quelqu'un m'a dit,

Pardonner quelqu'un, c'est également se pardonner soi-même.

Sur le moment, je ne comprenais pas le sentiment associé à cette phrase.

Je me disais que ce n'était seulement qu'une phase.

Puis un matin de juillet,

En ce jour ensoleillé,

Ces quelques mots sont revenus,

Puis une idée est apparue.

Dans mes notes, j'ai longuement écrit,

Ces mots qui sans l'imaginer m'avaient guérie.

Je me souviens de ce qu'il me procurait,

Lorsque nos regards se croisaient.

Que ses mains sur moi se baladaient.

Que nos cœurs l'un pour l'autre battaient.

J'ai alors réalisé,

Qu'en cette douce matinée,

Lorsque nous nous sommes revus pour la première fois,

Le fameux coup de foudre est alors arrivé jusqu'à moi.

L'écriture est un art que peu de gens comprennent.

Ceux pour qui les mots très facilement deviennent,

Une œuvre d'art libérant leurs chaînes.

Sommes-nous vraiment des âmes-sœurs ?

Ceux dont tout le monde parle.

Auxquels nombreux ne croient pas.

Certains diront qu'il s'agit de notre cas.

D'autres les contrediront.

Cependant selon moi,

Si réellement, nous le voulions,

Nous agirions comme tel,

Tout en développant ce sublime lien éternel.

Mon cher aimé,

Je souhaite à jamais pouvoir vous exprimer,

Cette subtile sensation qui ne cesse de se présenter,

Lorsque près de moi vous vous tenez,

Mais que l'instant d'après vous disparaissez.

Ce sentiment si puissant,

Mélangeant amour et empoisonnement.

Deux éléments si différents,

Mais tous deux vous représentant.

Dorénavant je ne sais,

Toujours point sur quel pied danser.

Serait-ce pour vous une fantaisie ?

Lorsque ces beaux jours, vous m'appeliez chérie.

Ou simplement un au revoir,

Enterrant donc notre histoire.

Aujourd'hui, je te remercie,

Pour ces moments si jolis.

Mais surtout merci,

D'avoir un jour enchanté ma vie.

J'ai compris un jour,

Que t'en vouloir ne sert à rien.

Je cachais seulement l'amour,

Qui à toi uniquement appartient.

Et si un jour la vie en décide autrement.

Que nous prenons chacun des chemins différents.

Je ne te souhaite qu'une chose,

Que tu sois heureux dans une vie grandiose.

Aujourd'hui je me questionne,

Sur l'importance de ton retour.

Serait-ce un signe que l'on me donne ?

Ou l'illusion de ton amour ?

Je revois nos sourires,

Lors de cette belle soirée.

Quand tu es venu adoucir,

L'anxiété qui me détruisait..

Et si tu étais celui,

Que je pourrais considérer comme l'amour de ma vie.

Malgré tout ce qui a pu se passer,

Je n'ai jamais cessé de t'oublier.

Ton regard sur mon corps.

Cette tenue que tu adores.

Je me demande encore,

Si tu seras mon réconfort.

Je préfère retenter une centaine de fois,

Plutôt que de bâtir mon avenir sans toi.

C'est ce type de journées,

Celles où je souriais,

Lorsque l'on m'a annoncé,

Que tu as réussi à te lancer,

Malgré ces peurs et ces difficultés.

Dorénavant tu es aimé,

Et c'est la plus belle chose, que je puisse espérer.

C'est en ce lieu inconnu,

Qu'un renouveau apparaît.

Ce dont on a tellement attendu,

Lorsque l'obscurité nous entourait.

Mon cœur battra pour toi,

Que les autres le veuillent ou non.

La seule chose qui compte pour moi,

C'est que nous réussissions.

Cet aperçu de notre rêve,

Une volonté omniprésente.

Les raisons pour lesquelles je me lève,

Dans mes pensées devenues marquantes.

C'est dans la tempête que l'on s'est perdus,

Et dans le bonheur que nous nous sommes revus.

C'est à travers cette écriture,

Dans laquelle je me suis réfugiée,

Que j'ai continué l'aventure,

En réussissant à me sauver.

Ces poèmes dans lesquels je me suis plongée.

Ces auteurs qui m'ont inspirée.

Ce sentiment de sécurité,

De me dire que d'autres ont ressenti ce que j'ai pu éprouver..

Renaissance

Il ne fut qu'un instant pour que nos regards se croisent.

Qu'un moment pour que nos sourires apparaissent.

Que quelques heures pour que nos corps se rejoignent.

Que quelques jours pour que mes pensées en redemandent.

Mais une éternité pour imaginer ce qu'il pourrait se passer...

Il était une fois

Nos pensées entremêlées

Ne serait-ce que le temps d'une soirée.

Sentir nos corps valser,

Et pouvoir apprécier,

Ce simple moment,

Arrivé si soudainement,

Mais nous faisant ressentir,

Une envie de découvrir,

Ce que l'avenir pourrait,

Potentiellement nous apporter.

J'apprécie toujours autant,

Nos corps qui s'enlacent,

Nos regards qui s'entrecroisent,

Nos âmes qui se croisent,

Et nos cœurs qui au même rythme battent.

Je me souviens...

Je me souviens de la pluie qui tombait.

De ces mots, quand je t'attendais.

Du froid que je ressentais.

Et de ta silhouette que j'apercevais...

Mais je me souviens aussi,

De ma joie, lorsque l'on s'est souri,

Du sentiment que j'ai ressenti,

Quand dans tes bras, je me suis blottie.

Ce que je souhaite aujourd'hui,

Pour avoir avec toi réussir ma vie.

Solidifier tout ce que l'on aura bâti.

Construire tout ce que l'on s'est déjà dit.

Et enfin être avec toi jusqu'à ce que l'on ait vieilli.

Et si tu étais celui dont j'avais rêvé.

Que j'avais longuement imaginé.

Si souvent espéré,

Un homme attentionné,

Qui de moi sait s'occuper.

Ce garçon qui sait me respecter.

Tout simplement m'aimer pour la personne que j'ai toujours été..

Quelques fois j'ai l'envie,

De pouvoir admirer,

La nuit que tu voulais m'offrir,

Lorsque Paris était éclairé.

Toutes ces tensions que nous aimions,

Que nous ressentions,

Lorsqu'ensemble nous étions,

Ont soudainement fait réapparition.

Une rage et une passion,

Créant à l'unisson,

La meilleure des sensations,

Celle que nous ressentions.

Si je devais t'écrire une lettre,

Je ne saurais comment la terminer.

Car chaque jour près de ton être,

Je ne cesse de m'émerveiller.

Ce jour-là j'ai eu cette vision,

De tout ce qu'ensemble nous rêvons,

Sur ce futur que nous aimerions,

Et pour lequel nous nous battons.

Dans ce froid glacial.

Dans cet espace vide.

Je réalise que mon idéal,

C'est avec toi qu'il réside.

Et puis merde,

Pourquoi se prendre la tête,

Pourquoi faire compliquer,

Lorsque ce que l'on reflète

C'est l'unique envie de s'aimer.

À ce jour, je me suis rendue compte,

Que pour toi je pourrais,

Enflammer tout ce monde,

Afin de toujours pouvoir t'aimer.

Chaque jour, j'imagine,

Mon avenir avec toi.

Cette image divine,

Qui ne plaira qu'à moi.

Cette personne que j'apprécie,

Sans même la connaître.

Pourra dans mes nuits,

S'il le veut réapparaître.

Ce regard que j'aime tant,

Je ne cesse de le croiser.

Ces yeux hypnotisant,

Continuent de m'intimider.

Ces quelques jours magiques,

Qui n'ont cessé de me rendre heureuse.

Un aperçu fantastique,

Me refaisant tomber amoureuse.

Je ne cesse de sourire,

En pensant à notre avenir.

Cette image de toute beauté,

Que nous ne cessons de rêver.

C'est dans tous ces moments de faiblesse que tu as su me relever.

Avec tendresse que tu m'as apaisée.

Avec sagesse que tu m'as conseillée.

Et avec promesse que tu as su m'aimer.

# Apaisée

Un jour on m'a demandé,

Pourquoi chaque soir je m'asseyais,

Et que je regardais le soleil se coucher.

La seule chose que j'avais envie d'exprimer,

C'était que chaque soir je pouvais m'émerveiller,

Devant cette subtile beauté,

Que chaque soir depuis le ciel tu me partageais.

Que l'espace d'un instant,

J'éprouvais le sentiment,

De pouvoir revivre nos moments.

Ce sentiment d'apaisement,

Lorsqu'il est arrivé soudainement.

Aussi doux qu'une brise d'été.

Aussi beau que de voir le soleil se coucher.

Et puis ce soir,

Je t'attends dans le noir,

Espérant un jour voir,

De nouveau ton regard.

En ce jour ensoleillé,

Une nouvelle est arrivée.

Serait-ce une opportunité ?

Ou seulement un air de nouveauté ?

Peu importe ce qu'il en est,

Je me dois d'y avancer.

Et puis ce jour-là,

Tu étais présent.

Présent pour moi.

J'ai senti de nouveau,

Ce sentiment si beau.

Je suis prête à me dire,

Qu'avec toi je veux construire,

Ce que j'appellerais avenir.

Avec une grande sincérité,

Je voudrais remercier,

Les épreuves que j'ai dû affronter.

Celles-ci m'ont transformée,

Et parfois même sauvées.

C'est ensemble que nous construirons,

Ce futur dont nous rêvons.

Et c'est ensemble que nous dirons,

Que notre empire est ce que nous représentons..

La seule chose à retenir,

C'est que pour obtenir,

Tout ce que tu désires,

La seule personne à détruire,

C'est celle que tu n'as pas su construire.

C'est

Toi

Contre

Toi

Plus tard,

On se battra.

Non pas pour des choses au hasard,

Mais pour ce que l'on voudra.

Me sentir m'enflammer,

Lorsque je suis avec toi.

Et envoyer balader,

Tout ce qui est autour de moi.

Ce joyeux souvenir,

De ton parfait sourire,

Et pouvoir admirer,

Tout l'amour que tu puisses me porter..

Merci d'être la personne que tu es.

Celle dont tout le monde doutait,

Mais qui a toujours prouvé,

Que chaque jour elle se battrait.

Sois toujours fière,

D'être la personne que tu deviens.

Cet avenir que tu vénères,

Un jour sera tien.

Je suis fière d'être devenue,

La personne que j'ai tant voulue.

Celle pour laquelle je me suis battue,

Et dont les autres n'ont pas voulu.

Merci de toujours faire partie,

Du courant de ma vie.

Jamais je n'oublierais,

Tout l'amour que tu peux me porter.

Je ne cesse de penser,

Que dis-je de rêver,

De pouvoir revivre ces instants,

Près de l'homme que j'aime tant..

C'est lorsque je suis près de toi,

Que les problèmes disparaissent.

Ce sentiment de joie,

Au cœur de cet instant de tendresse.

La petite fille en moi qui avait peur de continuer,

Cette difficile vie qui la détruisait.

Elle a aujourd'hui grandi,

Et ose dire qu'elle n'est plus dans cette survie.

J'ai donc appris de mes erreurs,

Et réussi à avancer.

En surmontant des peurs,

Je me sens maintenant apaisée.

Merci aux personnes qui m'ont tant aidée.

Toutes les paroles qu'elles ont écoutées.

Les conseils qu'elles ont su me donner,

Qui dans mes phases ont su me relever.

Simplement merci de m'avoir sauvée à travers ces années.

Chaque épreuve m'aura donc appris,

Que tout ce que j'ai surpassé,

Pourra un jour embellir,

L'avenir que j'ai toujours imaginé

© 2025 Justine Dogimont

Édition : BoD · Books on Demand, 31 avenue Saint-Rémy, 57600 Forbach, bod@bod.fr

Impression : Libri Plureos GmbH, Friedensallee 273, 22763 Hamburg (Allemagne)

ISBN : 978-2-3225-5848-3

Dépôt légal : Février 2025